Octavio Almanza Rodriguez

Orientación Personalizada y Académica para el estudiante

Octavio Almanza Rodriguez

Orientación Personalizada y Académica para el estudiante

Orientación para el estudiante

JustFiction Edition

Cover image: www.ingimage.com

Publisher:
JustFiction! Edition
is a trademark of
Dodo Books Indian Ocean Ltd., member of the OmniScriptum S.R.L Publishing group
str. A.Russo 15, of. 61, Chisinau-2068, Republic of Moldova Europe
Printed at: see last page
ISBN: 978-620-3-57488-3

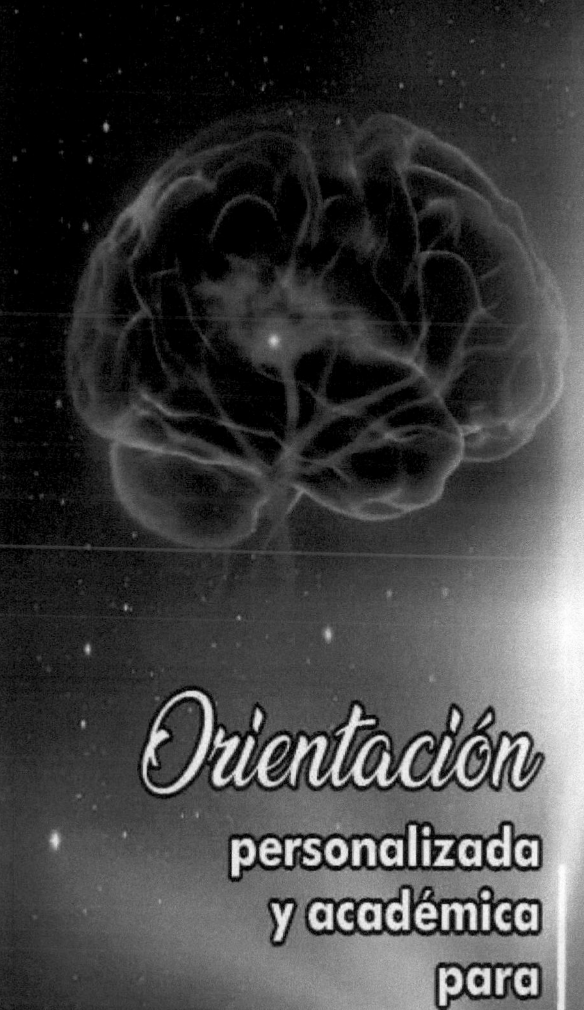

OCTAVIO ALMANZA RODRÍGUEZ

Intérprete, cantautor y escritor nacido en Valledupar, desde muy niño sintió inclinación por la música vallenata. Inicio su carrera musical a muy temprana edad interpretando la guacharaca y logrando acompañar a grandes intérpretes de la música vallenata como Estela Duran Escalona, Colacho Mendoza, Ivo Luis Díaz, Hernando Marín, Emiliano Zuleta, Gregorio " El gollo Oviedo" entre otros. Cabe resaltar que no solo se limitó a interpretar la guacharaca si no que comenzó a nacerle la inspiración para componer exitosas canciones. Las cuales fueron interpretadas por grandes artistas de la talla del Joe Arrollo, Rafael Santos Díaz, Los Chiches del Vallenato y Martin Elias Díaz.

Marcando la diferencia en la región comenzó a componer y cantar el género norteño destacándose con obras como el contrabandista, la emboscada, entre otras. En su faceta como cantautor de música norteña, fue catalogado por Javier Fernández Maestre como el Rey Norteño.

Ha escrito interesantes obras como consejos y reflexiones para una mejor forma de vida en el 2018 y Orientación personalizada y académica para el

Orientación Personalizada y académica para el ESTUDIANTE

PALABRAS DEL AUTOR

Seamos conscientes, que nuestra creación, nuestro ser, nuestra existencia se la debemos a Dios, creador del cielo y de la tierra, bendito seas padre celestial.

A diario te doy gracias por todos los días de mi vida, por darme vida, salud y me guías por sendas de buenos caminos.

Vivo y viviré agradecido por ti toda mi vida, desde el vientre de mi madre, hasta que tú hiciste posible mi existencia señor.

Agradecido con mi madre y a mi padre, que gracias a ellos fui concebido al mundo para ser una persona noble y sincera, buen hijo, buen hermano, buen amigo.

A ti encomiendo mi pensamiento, mi alma, mi presente y mi futuro, gracias te doy señor mío, cuidad de mi familia y de mí amén.

OCTAVIO ALMANZA RODRIGUEZ

INTRODUCCIÓN

La buena orientación cambia el rumbo de nuestra vida, si captamos el mensaje con claridad y tomamos la firme decisión de mejorar y crear en nosotros, el deseo de superarnos.

La creencia en Dios, la esperanza, la solidaridad, el perdón, la sinceridad, el respeto, los buenos principios y valores reinen entre nosotros.

Bienvenido seas a una excelente

ORIENTACION PERSONAL Y ACADEMICA PARA EL ESTUDIANTE

1. Año escolar

Voy a comenzar mi año escolar con pie derecho, estudiando con gran disciplina y empeño.

Mis calificaciones serán las mejores y seré un estudiante excelente.
Sacando en todos mis exámenes, los mejores puntajes y lograr ser el mejor de mi colegio.

2. Lo que me gusta

Dibuja, canta, ríe, escribe poemas, desahoga tus instintos haciendo lo que te gusta.
De esa manera, desarrollaras una mente hábil y creativa como el poeta.

3. Obsequio

Obsequia a alguien, lo que ya no te quede bueno o no utilices como juguetes, ropa, etc.
Eso que a ti ya no te llama la atención puede hacer feliz a otra persona.

Así como desarrollas tu cuerpo y tu mente, también desarrolla en ti el espíritu de solidaridad hacía los demás

4. Lo primero

Primero tus deberes escolares, has tus tareas, estudia, deja todo en orden para que después puedas jugar tranquilo, de tu responsabilidad depende tu rendimiento académico, se aplicado.

5. Creación

Las espesuras de las montañas, el caudal de los ríos, las nubes, el cielo, las estrellas, el aire.

Suspira, mira y piensa que tan inmensa y pura es la creación de nuestro Dios hecha para nosotros como hijos a su semejanza que somos.

6. Silencio
Estudia en un lugar apropiado, silencioso.
La soledad es la mejor consejera de la concentración y el aprendizaje.
En silencio tu mente es apta para un mejor aprendizaje.

7. Hoja de vida
Has de tu hoja de vida un modelo a seguir, aprende todo lo bueno de los que saben y enseña lo que aprendas de ellos al que no sabe.

8. Orden
Pon tus útiles escolares en orden después de hacer tus tareas.

Si eres ordenado te evitaras inconvenientes al llegar al colegio.

9. Horario
Ya tú sabes bien los horarios de entrada, descanso y salida a tu colegio.
Al levantarte no te distraigas, se ágil.
Levántate, cepíllate, báñate.
No sea que por mañoso, te quedes por fuera del colegio por llegar tarde.

10. Control
Quien tiene que estar atento al control del día eres tú, revisa que tareas te tocan para mañana y así sucesivamente cada materia de cada día.

Quien tiene que hacer las tareas eres tú y no tus padres, en caso de no entender consulta a ellos y te ayudarán a resolver el problema.

11. Llena
Llena tu corazón y tu alma de mucho amor, ternura y alegría.

El amor y la alegría son virtudes del ser creyente, que irradian sus pupilas la sublime ternura de Dios es un ser bendecido.

12. Pajarito

En aquel arbolito hay un pajarito pichoncito que comienza a dar sus primeros pasos.

Su madre con ternura lo acaricia, lo alimenta a diario con mucho amor, le corrige y enseña cosas buenas como lo hace contigo tu madre querida.

13. Piensa

Piensa con serenidad antes de actuar, cuenta hasta diez, guarda dentro de ti ese espíritu manso y tolerante.
Es la virtud del diño tolerante y precavido.

14. Sistema

Utiliza el sistema y las redes sociales de forma adecuada para las tareas, consultas e investigaciones, sabiéndola utilizar se hace necesaria.

Excederse a ellas es perjudicial, frustra tus estudios y te vuelve un adicto inútil.

15. Confundido

No realices varias tareas a la vez, escoge la primera y la terminar y así sucesivamente.
Al comenzar dos o más a la vez, terminas confundido y sin realizar de forma correcta ninguna.

16. Excederse

No te excedas en consumir varios alimentos a la vez.

Una galleta, un dulce, comida, tu metabolismo se satura causándote una mala digestión lo cual podría enfermarte de un momento a otro.

17. Abusador
Rechaza del desconocido todo lo que te ofrezca.
En la calle no confíes en nadie, puede engañarte de cualquier forma y abusar de ti, es peligroso, cuida de ti mismo.
Los abusadores están al acecho.

18. Visita
Cuando llegue una visita a casa guarda la prudencia, calla, no te entrometas en las conversaciones de los mayores, se discreto y culto, podrías hacer quedar mal a tus padres y el castigo sería severo.

19. Examen
No copies el examen, estudiando no tendrás necesidad de hacer esa tontería.

Así como los demás estudian tú también podrías hacerlo y sacar también unas excelentes calificaciones, de lo contrario por desaplicado perderías el año escolar.

20. Nota

Quien estudia saca buenas notas, quien no estudia obtendrá malas calificaciones.

Quien gana recibe felicitaciones y el que pierde simplemente recibe una mala nota, por ser un pésimo estudiante.

21. Buen estudiante

El buen estudiante es aplicado, estudioso e inteligente.

Al repasar la clase 2 o 3 veces se la aprende y rara vez pierde una materia, el buen resultado de sus exámenes lo hace marcar la diferencia y llega a ser el mejor estudiante de su colegio.

22. Verifica

Al terminar un examen verifica las respuestas a ciertas preguntas de las cuales tengas dudas, tal vez te hayas equivocado y puedas corregir el error a tiempo antes de entregar el examen.

23. Presentación personal

Cuida tu presentación personal, llevar tu uniforme impecable, tus zapatos embetunados, un cinturón en buen estado, un corte de cabello y peinado adecuado y al llegar al colegio sonriente, dar los buenos días.

24. Sagrada escritura

La sagrada escritura es el libro más interesante y completo entre todos los libros del mundo.

La Biblia, es un libro sagrado el cual fue inspirado por Dios, para salvaguardar el pensamiento y la esperanza de la humanidad.

25. Enseñanza

La enseñanza que necesitas para formarte como una persona de bien, se nos es inculcada en casa por nuestros padres, en la escuela por nuestros maestros y en la calle por sabios consejos.

26. El saber

Despierta tu mente, abre las alas de tus cinco sentidos, pon a volar tu imaginación, para que descubras el grandioso mundo del saber en ti.

27. Obediencia

El ser obediente es ser buen hijo, el ser desobediente es ser malo.

Se obediente con tus padres, con tus maestros y tus mayores, la obediencia es cualidad del niño culto y bueno. Tú eres esa clase de niño.

28. Trasnocho

No trasnoches por causas bobas que estás en edad que deberías dormir hasta ocho y diez horas diarias, es la etapa en la cual desarrollas tu cerebro.

No perturbes el buen desarrollo de tu mente porque de esa forma dañas la parte intelectual de nuestra inteligencia, acuéstate temprano y las neuronas de tu cerebro se desarrollaran de una mejor forma.

29. Edúcate

Educa tu comportamiento, educa tu forma de ser, tú forma de pensar, tú forma de proceder, edúcate como es debido, para cuando seas padre puedas dar un buen ejemplo a tus hijos.

De una buena formación depende nuestro futuro.

30. Calumnia

Hasta no ver no creer, no calumnies a nadie, no tomes por hecho el que alguien te diga, no debemos juzgar a nadie sin justificación, en ese aspecto se precavido.

31. Vocablo

Enriquece tu vocablo con buenas expresiones, que de tus labios broten palabras positivas, de aliento, alegría, esperanza hacia los demás.

32. Acontecimientos
No te adelantes a los acontecimientos, deja que el tiempo te demuestre la realidad de lo sucedido.

33. Oremos
Al levantarte dale gracias a Dios por el nuevo día y al acostarte también por la noche que inicia, Oremos a Dios.

34. Rebelde
El ser rebelde es ser desobediente y el ser desobediente entorpece la relación con los padres y demás personas.
Que buen ejemplo es la forma de pensar y de actuar del niño obediente

35. Evolución
Evoluciona la ciencia, evoluciona la tecnología, evoluciona el mundo, también evolucionemos

nosotros espiritualmente, para bien de la humanidad y de nosotros mismos.

36. Canto celestial
El cantar de las aves por la mañana dando gracias a Dios por el nuevo día que comienza, retumban en las montañas hermosos cantos, es el trinar de las aves silvestres, que brotan de sus entrañas diferentes cantos alabando a Dios con sus mensajes celestiales.

37. El perro
El mejor compañero del hombre es el perro. Un animal nos da un buen ejemplo a seguir, y como animal que es parece increíble que posea la sensibilidad adecuada para ser fiel a su amo.

38. Consulta
Consulta el sistema, has una llamada, escríbele a un amigo, solicita a alguien su

ayuda sobre esa problemática que tienes que resolver, no te quedes con los brazos cruzados, porque siempre encontraremos una salida a nuestros problemas.

39. Ilumíname señor

Dios mío ilumina mi mente para que aprendizaje sea el mejor, enriquece mi parte intelectual para avanzar con éxito en mis estudios, en ti confío señor.

40. Números

Las matemáticas son un juego divertido de números por ejemplo 5x3=15 e igual 3x5=15, 6+4=10 e igual 4+6=10 y así sucesivamente analizando los problemas matemáticos no son tan difícil de resolver como tu imaginas, es nuestra forma de pensar en ellos que nos hace complicar la vida, fíjate que es divertido.

41. Atención

El niño que presta atención, entiende claro el mensaje de los maestros, quien no presta atención simplemente no aprendió y punto.

42. Deber

El deber del profesor es explicar con claridad a los alumnos sobre el tema de su materia asignada, eso de que el que aprendió bien y el que no, no sin ver expuesto una explicación concreta, es falta de ética profesional.

43. Reír

Estudia con disciplina y a final de año reirás. No estudies y verás los resultados, es mejor reír porque ganaste el año, que llorar porque lo reprobaste.

44. Preocúpate

Preocúpate cada día del año por hacer las cosas bien, no esperes fin de año que ya no podrás organizar nada, solo hallarás en ti desespero y estrés, has las cosas bien y estarás tranquilo.

45. Equivocar

Equivocarte una vez, dos veces es normal, pero equivocarte todas las veces no es justo ya que a diario debemos aprender de nuestros errores, quien no corrige sus errores, vivirá en la vida entre tropiezos y caídas.

46. Alegría

Una sonrisa refleja alegría en ti, el vivir alegre es irradiar alegría hacía los demás, la alegría refleja en tu rostro amor, ternura, esperanza, que la alegría reine entre nosotros.

47. Corrección

Cuando alguien te haga una corrección acátala de buena forma, es por tu bien, ellos no desearían un mal para ti, de esa forma vas mejorando hasta formar en ti una persona correcta.

Quien corrige ayuda y quien es corregido avanza, acepta ser corregido.

48. Confía

Confía en tus padres, deposita en ellos tu confianza, cualquier equivocación, problema o preocupación díselos de ellos.

La confianza en nuestros padres es interesante para nuestra vida, ellos son nuestra guía perfecta, siempre estarán a nuestro lado para ayudarnos a avanzar.

49. Cálmate

Si estás enojado cálmate, si estás triste ten esperanza, si no tienes de que preocuparte se feliz, la felicidad no se compra ni se vende, se comparte con las demás personas, significa amor y prosperidad en nosotros.

50. Derecho
Así como nadie tiene el derecho de abusar de ti ni con hechos ni con palabras, tampoco tú tendrías el derecho de hacerlo; sin razón ni con razón, es nuestra integridad la cual debemos respetarnos unos con otros y como personas civilizadas que somos interactuando buscaríamos solución a cualquier problema.

51. Digno de ser.
Nadie es más que nadie tampoco te compares con otra persona, sé original en tu forma de ser, sé honesto, humilde y sincero, posee una personalidad integra.

52. Dedícate.
Dedícate a hacer lo tuyo, no te intereses por los quehaceres de los demás, cada quien

tiene sus compromisos estudiar y hacer las tareas es tu deber; solo en caso de que sea exposiciones en grupos es deber de todos.

53. Enseñanza.
La enseñanza necesaria para fortalecer nuestra alma y espíritu está basada en la Biblia, sus mensajes subliminales fortalecen nuestro ser, nuestras creencias se alimentan del temor a Dios.

54. Ojo.
No es que hayan niños brutos, si no que existen niños desaplicados; no es que hayan niños bobos, lo que pasa es que son niños aplicados. El niño que cree que es más vivo que los demás es quien hace el papel de bobo, porque su actitud es de una persona bruta.

55. Conmigo no.
Quien te podrá engañar diciéndote mentiras sobre la clase dada ayer, si tú prestaste

atención como es debido y entendiste mejor que cualquiera la explicación de la clase; eso lo podrán hacer con esa clase de niños que no prestan atención, pero conmigo no.

56. Lápiz.
Para mí, es preferible escribir con lápiz que con lapicero, el lápiz me brinda la oportunidad de borrar y corregir; La opción del lapicero es hacer un rayón para poder corregir o arrancar la hoja y comenzar de nuevo; mi compañero de siempre seguirá siendo mi lapicito viejo.

57. El mejor.
A que interesante es ser el mejor del salón, este año voy a proponerme ser el mejor de mi salón; si él pudo ser el mejor al año pasado yo también puedo, ya lo tengo claro con aptitud disciplina y mucho esmero lograré ser el mejor.

58. Confía.

Terminas el bachillerato, no tienes dinero, tus padres sin recursos, no te preocupes brega de cualquier forma como buscar un trabajo o financiar tu carrera universitaria.

No trunques tus ideales por lo económico, evoluciona existe una forma para salir adelante, confía en Dios, ten la plena seguridad que te ayudará, Dios es quien todo lo puede.

59. Joven

Aprovecha tu juventud, tienes todas las energías necesarias para lograr lo que te propongas. Vive de una forma sana, no te dejes arrastrar de las malas influencias, piensa siempre en lo mejor para ti y los demás. No te desenfoques del buen camino, ten en cuenta que el mal camino acorta nuestra existencia, no lo olvides.

60. Destino.

Abraza y acaricia tus cuadernos con cariño y respeto, en tu morral llevas un buen futuro asegurado si te lo propones. Cada mensaje que plasmes en tus cuadernos es el comienzo de un futuro próspero, lleno de triunfos y grandes logros. Que interesante futuro deparará tu destino, ya sabes el que te propongas.

61. Visión.

Estudia con una visión clara de lo que te gustaría llegar a ser, un gran profesional exitoso, admirado y respetado por todos. En nuestras vidas debemos marcar la diferencia ante los demás, con actitud, respeto y excelencia hasta en la forma de caminar con estilo y elegancia.

62. Chao.

Cuéntame, pero no babosadas, cuéntame cosas interesantes que puedan servir a mi vida, no estoy para cosas vagas tengo cosas interesantes por hacer, mi tiempo es preciado, para gastarlo en tonterías y si estas sin oficios yo tengo cosas interesantes que hacer. Chao.

63. Piensa.

Crea en ti buenos modales, rechaza las malas costumbres. Enfócate en objetivos productivos que te sean de gran utilidad en tu vida, piensa en todo lo bueno que puedas hacer y piensa en lo malo y las consecuencias que acarrean de la forma como proyectes tu vida, así mismo, alcanzaras tus metas propuestas.

64. No entrometas,

No entrometas tus narices en lo que no te incumbe, que por estar en medio de los demás terminas enredado o lesionado, mide las consecuencias, mantente retirado observa a distancia y punto

65. Hoy.

Acuérdate que hoy tienes un asunto por resolver, prográmate has tu agenda diaria para que no se te olvide o tendrás constantemente contratiempos, sé organizado.

66. Depender.

Has lo que tengas que hacer por tu propia cuenta, no dependas de nadie uno solo sortea las dificultades con facilidad, acompañado se hace más difícil, uno solo tropieza, cae, se levanta y sigue con la frente en alto sin mirar atrás.

67. Flojo.
Cuantas veces tienen que decirte has esto, ¿ya lo hiciste? O no hiciste nada, si tú eres una persona normal, de bruto no tienes nada, copia y has lo que te digan de una vez. Pellízcate no te acostumbres a lento, a flojo, gánate la voluntad de los demás.

68. Forma de pensar.
Si dices hoy me va a ir muy bien ten la plana seguridad que te irá bien, quien es pesimista no piensa en las buenas posibilidades y vive enfrascado en lo negativo, así como pienses y te expreses, así mismo te irá en la vida porque las palabras tienen poder.

69. Estudiante.
El buen universitario, el buen estudiante proyecta su agenda educativa con fundamento. El ser organizado es importante para lograr que todo marche sobre ruedas,

de nuestra disciplina depende nuestro rendimiento académico.

70. Tu estado de ánimo.

Mantén un buen estado de ánimo, que eso forme parte de tu personalidad, tu forma de ser divertida atrae todo o positivo, mira que la vida te brinda tantas cosas hermosas, que a veces nos excluimos de ellas por simples caprichos.

71. Cuéntame.

Cuéntame las veces que hayas sonreído hoy, cuéntame que te mantiene aburrido, Cuéntame porqué estas triste, cuéntamelo todo para ayudarte a sacar a flote la parte positiva de tu pensamiento y tengas una mejor forma de pensar.

72. Estresado

Te sientes cansado, estresado, con cansancio cerebral, producido tal vez por el estudio, tomate un tiempo para descansar, veinte minutos o media hora, de esa forma tu cerebro se relajará un poco, cargarás energía y te sentirás mejor para continuar.

73. Camino al triunfo.
Tu actividad mental sea 100% positiva, de la forma como pensamos actuamos. No dejemos dominar nuestra mentalidad por influencias negativas, el pensamiento positivo es quien nos conduce al éxito.

74. El pensar.
Detente a pensar que debo hacer para mejorar mis instintos, mi comportamiento, mi vida. De los buenos pensamientos que poseamos, dependerá mejorar nuestra forma de ser, nuestra mente lo domina todo.

75. Calmado.
Piensa mejor para desenvolverte en situaciones adversas o complicadas, el

descontrolarnos perturba nuestro cerebro haciéndonos cometer errores inconscientes en cuestión de segundos, mantén la calma.

76. Consejos sabios.
Los concejos del sabio no los olvides jamás, tenlos siempre presentes en tu vida y no los recuerdes no más, también ponlos en práctica, te servirán de mucho en la vida.

77. Afirmar.
Cuando alguien afirma algo debe estar seguro de lo que ha dicho, ya que quien afirma incoherencias, posee una personalidad falsa he irresponsable consigo mismo.

78. Perfecto.
No somos perfectos, pero sí podemos cambiar muchos aspectos de nuestra vida, hagamos de nuestra vida como lápiz y

borrador, borrar lo mal hecho y corregir nuestros errores.

79. Ejemplo.
La luz del buen ser entre en tu mente e ilumine tu forma de pensar y de actuar, para que seas una persona íntegra ejemplo a seguir.

80. Disculpa.
En caso de cometer un error quien tiene que pedir disculpas eres tú, quien es consciente de su error, es consciente de sus actos. Es la actitud de esa persona que comprende y corrige su actuar.

81. Dentro de ti.
No busques a Dios en las montañas, en las nubes, en la tierra, él está allí dentro de mí, de mi alma y espíritu. Está en nuestra buena forma de pensar y actuar, Dios es amor,

honestidad, franqueza, misericordia y mucha alegría.

82. Piensa en grande.
Piensa en grande y un día cualquiera despegarás como el águila, desde la cima de la montaña y con gran visión en nombre de Dios, alcanzaras triunfos inimaginables.

83. Científico.
Los grandes inventores, científicos, poetas y escritores de la ciencia universal en el mundo, fueron personas como tú y como yo, con capacidad intelectual.

Solo que ellos evolucionaron, su metabolismo mental y con actitud y sacrificio pensaron en grande, dejando su huella marcada en la historia.

84. Imprudencia.

Respeta la privacidad de los demás, si convives con otras personas levántate sigiloso y en silencio; al hacer escandalo interrumpes el sueño y la tranquilidad de los demás, en ese momento sé moderado hasta en tu forma de hablar. No seas desconsiderado.

85. Confiado.

No seas confiado con nadie, las redes sociales son una ventana abierta al mundo exterior, las apariencias te engañan ganándose tu confianza o ¿acaso por una simple foto o un mensaje con hermosas palabras escritas es suficiente para dejarte engañar de alguien? Sé malicioso con personas ajenas, no seas tonto.

86. Imaginación.

Del buen pensamiento y la imaginación del hombre depende alcanzar el éxito, imagínate crear lindas poesías, sentidas canciones de amor, pintar una hermosa obra y escribir un majestuoso libro. Que interesante es la imaginación.

87. Novia.
Trata de forma adecuada a tu novia hermosa, sé detallista con ella, de la buena forma que trates a esa persona también serás tratado tú; sé respetuoso, honesto y sincero con ella, tanto como novia o esposa, para que exista entre ambos una relación duradera.

88. No te fijes.
No te fijes en los errores de los demás, fíjate en los tuyos y que tanto los demás como los tuyos te sirvan de precedente, para mejorar cada día tu forma de actuar.

89. Consumir.
El consumir alimentos sanos, hacer ejercicios y tomar agua en abundancia, mantiene

nuestro organismo en buen estado, el agua es el líquido preciado que alarga nuestra existencia.

90. Dedícalo.

Si dedicas un 20% de tu tiempo libre en crear e imaginar pensamientos productivos, aportarías gran ayuda a la ciencia universal, los buenos pensamientos del hombre forman el cambio de nuestra descendencia.

91. Intelectualidad.

De dónde puedas imaginar conceptos interesantes, es nuestro espíritu el cual hace funcionar nuestra mente de forma majestuosa, solo tienes que creer en lo que haces, en lo que te imagines, tu intelectualidad creativa es suficiente para lograrlo.

92. Escudriña.

La orientación necesaria para adquirir una correcta personalidad está a tu alcance, escudriña libros interesantes. Al leer cada mensaje detente y piensa, saca tus propias conclusiones, pon en forma tus cinco sentidos.

93. Valora.

Valora a tus padres, valora el esfuerzo que hacen tus profesores para educarte, valora a tu compañero, pero ante todo valórate tu como persona; de no valorarte tú como persona no podrás valorar a los demás.

94. Tu vida.

Haz tu vida de la mejor manera, no vivas del que dirán, piensa en ti y en tu actuar; quien vive pendiente del que dirán de él o de los demás descuida lo suyo.

95. Fruto.
En lo alto de aquel árbol hay un fruto madurito, con actitud de gladiador voy a alcanzarlo, debo ser prevenido y subir con cautela; cuando lo tome en mis manos degustaré su manjar en forma satisfactoria, debe ser mí pensamiento al alcanzar el éxito.

96. Ortografía.
No te fijes que tipo de letra tiene quien escribe, fíjate el contenido del pensar de lo que plasma en su hoja; lo interesante es su mensaje escrito, la ortografía se corrige.

97. Pruebas.
No digas eso no lo haría yo, mejor di ojalá no me toque hacer algo así. Fíjate que los sacrificios son pruebas que nos brinda la vida, sacrificios que hasta con lágrimas en los

ojos nos fortalecen en cuerpo y alma para seguir adelante.

98. Sombra.
Camina y al andar mira tú sombra, acompaña tus movimientos, muévete de forma rara para que observes que fea se va tu imagen haciendo lo indebido; así se ven los jóvenes que andan por el mal camino, pisotean su sombra, toman el mal destino y acortan su existencia.

99. Academia.
La academia instruye, enseña mostrándote el buen camino a seguir; guía tu mente a un campo magnético de sabiduría el cual enriquece tu parte intelectual formándote en un gran profesional.

100. Deseo.
El que notes que desea que no te vaya bien no le prestes atención, deséale lo contrario a él y ruega que cambie su ignorante forma de pensar.

101. Virtud.
La virtud es un don especial que poseemos ciertas personas, es la inteligencia natural proveniente de Dios; es la parte intelectual del superdotado.

102. Pecado.
El pecado es una sombra que nos acecha cada día y que solo por Dios podemos ser perdonado, el arrepentimiento debe existir en nosotros, quien no haya pecado que dé un paso al frente.

103. Escribir.

Medita antes de escribir y escribe lo que hayas pensado, nuestra mente nos brinda la información adecuada para avanzar, a medida que escribimos vamos creando nueva información, que va almacenando nuestra mente, la que te brinda ventajas infinitas.

104. Vagancia.

Vagancia es la que poseen ciertas personas sin aspiraciones, viven su vida por vivirla, son de pensamiento vago, el vago prefiere vivir acomodado y valiéndose de los demás, es tranquilo y fresco como el bosque.

105. Concentrado.

Callado es mejor, concentrado es mejor. Para leer, para escribir, para estudiar, para pensar, nuestro cerebro necesita concentración para rendir intelectualmente.

106. Relajado.

El niño estudioso vive la etapa del año escolar relajado, como estudia llega confiado al colegio, realiza su evaluación con tranquilidad, confiado en sacar una excelente nota. Quien no estudia llega sobre exaltado, nervioso e inseguro y simplemente saca una mala nota.

107. Chapulín.

Quien podrá ayudarte en tus quehaceres personales ¿el chapulín colorado? No señor, solo tus padres, tus profesores y compañeros de grupo, siempre y cuando poseas el interés personal de aprender y mejorar tú forma de ser.

108. Mente.

Nuestra mente es natural como las plantas debes abonarla fundamentando buenos hábitos en ti, regarla con mensajes de orientación personal leyendo excelentes libros, cuidarla de tal manera que incluso lleves una buena alimentación, consumiendo mucha agua y descansando el tiempo necesario.

109. Juzgar.
No tomes la mala costumbre de juzgar a nadie, más bien obsérvate analízate y júzgate tú mismo por tus malos actos y corrígete para

Que tengas un mejor comportamiento. Estar pendientes de juzgar a los demás te hace mediocre, te distrae de ti mismo, pierdes un tiempo que puedes usar para cosas más productivas.

110. Incoherencia.
Opina si has estudiado los temas de la clase, de lo contrario mejor quédate callado, opinar

sin saber sería hablar incoherencias, es necesario llenarte de requisitos, para participar con tus compañeros de clase

111. Posición.
Ubícate en primera posición al llegar al recinto, de esta forma te estás dando la prioridad de ser mejor atendido, quien esquiva las primeras sillas duda de su capacidad personal y tiende a excluirse de entre los mejores.

No temas sentarte adelante, que al final te sentirás más cómodo que los que van detrás.

112. Expresión.
Seamos específicos en nuestras expresiones, hablemos con decisión y seguridad, de una expresión segura depende una respuesta concreta.

113. Original.
Sé original, marca la diferencia en lo que hagas, no copies de lo que hagan los demás, has de tus ideas un modelo a seguir, eso te hará ser una persona admirada y respetada por todos.

114. Copia.
Copia las sugerencias que te hagan saber, no lo tomes a mal hacerte cualquier observación a corrección de lo que hagas o no hagas, tómalo como una ayuda personal, es más te guste o no te guste, sé cortes y da las gracias que es por tu bien.

115. Pensamientos.
Aparta de tu mente todo mal pensamiento y construirá en ti una personalidad sana en diferentes aspectos de tu vida, la persona con pensamientos sanos aprende claves interesantes del buen ser humano, como ser honesto, humilde y noble.

116. Aclaración.

Si por alguna circunstancia tienes alguna duda en clases pídele al profesor que te aclare o te repita de una mejor forma, no sientas temor ten la plena seguridad que él te escuchará y cederá a tu petición.

117. Convivencia.

No pretendas que tus padres cedan a todos tus caprichos, más bien atiende a las sugerencias que te hagan y guarda la cordura y el respeto hacia ellos. No olvides que son tus padres, a los cuales debes respetar.

118. Hacer caso.

Has caso a tus padres, profesores o personas adultas, no te hagas el desentendido que el niño o adolescente indisciplinado es rechazado y mal visto hasta por sus propios compañeros.

119. Acomedido.

Sé acomedido a realizar los quehaceres en casa, ayuda a tu madre y tu padre en las labores diarias sin que tengan que estarte mandando, todos habitamos en la casa y debemos cooperar por igual, para una mejor convivencia en familia.

120. Fíjate.

Fíjate que clase de compañeros tienes, cada quien demuestra lo que es con sus actos, la persona grosera, plebe y de malas costumbres son amistades no recomendables. Selecciona buenos amigos, rodéate de personas con una buena forma de ser como tú, de esa forma aprenderán de ti y tu de ellos.

121. Ambición.

No ambiciones lo ajeno, es peligrosa, confórmate con lo poco que posees, vale más la humildad que la arrogancia. Es mejor tener poco honradamente, que ambicionar riquezas de mala procedencia.

122. Prevalecerá.
El mal ejemplo daña la personalidad del ser humano, el buen ejemplo prevalecerá por siempre en la buena forma de ser de la persona.

Printed by Books on Demand GmbH, Norderstedt / Germany